Vente des 26, 27, 28, 29 & 30 Avril 1869



COLLECTION

DE FEU

# M. LE Dr HAHN DE HANOVRE

# ANTIQUITÉS

Médailles, Camées et Intailles

OBJETS D'ART & DE CURIOSITÉ

EXPOSITION PUBLIQUE : le Dimanche 25 Avril 1869

Me CHARLES PILLET

COMMISSAIRE-PRISEUR

MM. ROLLIN ET FEUARDENT, MANNHEIM

EXPERTS

# CATALOGUE

DES

# OBJETS D'ART

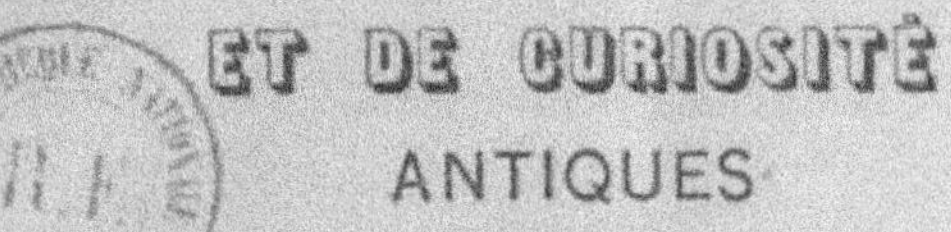




ANTIQUES

DE LA RENAISSANCE & DES TEMPS MODERNES

**Monnaies et Médailles ; Camées et Intailles ;**
**Bronzes, Sculptures en ivoire, en bois et en corne ;**
**Vase et Coupe en cristal de roche ; Instruments de musique ; Armes ;**
**Belles Pendules Louis XVI,** dont une de **Lepaute** à cadran tournant ;
**Lustre garni de cristaux de roche ; Vitraux ;**
**Objets variés ;**

TABLEAUX

LE TOUT COMPOSANT LA COLLECTION

*De feu M. le Dr HAHN de Hanôvre*

ET DONT LA VENTE AURA LIEU

HOTEL DROUOT, Salle N° 3

**Les Lundi 26, Mardi 27,**
**Mercredi 28, Jeudi 29 et Vendredi 30 Avril 1869**

A DEUX HEURES.

---

Par le ministère de Me **CHARLES PILLET**, Commissaire-Priseur,
10, rue de la Grange-Batelière,
Assisté, pour les Médailles, Camées et Intailles., de MM. **ROLLIN** et **FEUARDENT**, experts, 12, rue Vivienne,
Et pour les Objets d'art, de M. **Ch. MANNHEIM**, Expert, rue St-Georges, 7.

---

EXPOSITION PUBLIQUE

*Le Dimanche 25 Avril 1869, de une heure à cinq heures.*

## CONDITIONS DE LA VENTE

Elle sera faite au comptant.

Les adjudicataires payeront *cinq pour cent* en sus des enchères.

Les expositions mettant le public à même de se rendre compte de l'état des objets, il ne sera admis aucune réclamation une fois l'adjudication prononcée.

Paris. — Imp. de Pillet fils aîné, rue des Grands-Augustins, 5.

# DÉSIGNATION

## MÉDAILLES FRANÇAISES

1. Louis XI. Buste avec un bonnet. Sans revers, 65 mil. AR.

2. François Ier. Buste de face avec un bonnet. ℞. *Christianae reip. propugnatori.* Un rocher au bas, licorne et autres animaux. 36 mil. Æ.

3. — Buste lauré. ℞. Le roi à cheval combattant. 40 mil. Æ.

4. — Buste sans barbe coiffé d'un chapeau, avec le titre de dauphin et de duc de Bretagne. Sans revers. 50 mil. Æ.

5. François II. *Franciscus II. D. g. Francor. rex.* Buste avec un chapeau. Sans revers. 80 mil. Æ.

6. Henri II. Buste lauré. ℞. Cérès et l'Abondance dans un char conduit par la Renommée. 50 mil. Æ.

7. — Même revers. 50 mil. Æ.

8. — Buste lauré. ℞. La Victoire volant au-dessus de deux armées en présence. 50 mil. Æ.

9. — 4 Bustes accolés d'Henri II, Charles Quint, etc. 40 mil. Æ.

10. — Bustes accolés d'Henri II et Charles IX. ℞. Tête de femme. Ovale. 38 mil. Æ.

11. Diane de Poitiers. Buste. ℞. *Omnium victorem vici.* Diane écrasant l'Amour. 50 mil. Æ.

12. Henri III. Son buste cuirassé. ℟. Buste de Catherine. 40 mil. Æ.

13. — Son buste lauré. ℟. Buste de René de Birague. Æ.

14. — Buste lauré. ℟. Son cœur sur un autel. *Obiit*, etc. 1627 32 mil. Æ.

15. Henri IV. Son buste lauré. ℟. Henri IV et Marie de Médicis assis se donnant la main, au milieu un autel. 52 mil. Æ.

16. — Son buste tête nue. ℟. Buste de Marie de Médicis. 45 mil. Æ.

17. — Son buste lauré. ℟. Deux sceptres couronnés et une épée en sautoir. 42 mil. Æ.

18. — Bustes accolés d'Henri IV et sa femme. ℟. *Propago imperi.* Henri IV et sa femme se donnant la main, au bas le jeune Louis XIII essaye un casque. 62 mil. Æ.

19. Marie de Médicis. Buste avec collerette. Sans revers. 100 mil. Æ.

20. — ℟. Entourée des dieux de l'Olympe. 50 mil. Æ.

21. — ℟. Navire. *Servando dea facta deos.* 60 mil. Æ.

22. Louis XIII. Son buste. ℟. Buste de Anne. 55 mil. Æ.

23. — ℟. La Justice assise tenant une épée et une balance. 60 mil. Æ.

24. — ℟. Le Val-de-Grâce. 78 mil. Æ.

25. Louis XIV. Son buste jeune. ℟. Buste de Anne. 53 mil. Æ.

26. — Son buste à longs cheveux. ℟. Port de mer. 55 mil. Æ.

27. — Son buste, au-dessous ses deux enfants, au milieu un dauphin. Sans revers. 62 mil. Æ.

28. — ℟. *Sacra Romana restituta.* Une figure à genoux devant Louis XIII au pied d'un autel. 60 mil. Æ.

29. Antoine, roi de Navarre. Son buste cuirassé. ℟. Femme assise tenant un miroir. 38 mil. Æ.

30. Charles de Lorraine, prince de Vaudemont. ℟. Un aigle. Médaille ovale. 50 mil. Æ.

31. Charles, duc de Lorraine. ℟. Icare tombant dans la mer. 40 mil. Æ.

32. Antoine, duc de Lorraine. Son buste. ℞. Buste de sa femme René de Bourbon. 40 mil. Æ.

33. Richelieu. Son buste. ℞. Char de la Renommée. 60 mil. Æ.

34. — ℞. Un navire. 30 mil. Æ.

35. Mazarin. Son buste. ℞. Une bataille. 45 mil. Æ.

36. Charles, cardinal de bourbon. ℞. Le Sauveur portant un agneau. Médaille ovale. 40 mil. Æ.

37. Nicolas de Bailleul. Son buste. ℞. Fleuve couché. 50 mil. Æ.

38. Jacques Boiceau, seigneur de la Barauderie. Son buste. ℞. Papillons s'enlevant dans les airs. 66 mil. Æ.

39. — ℞. L'Agriculture appuyée sur une bêche au milieu d'un jardin.

40. Jean de la Bruyère. Son buste, sans revers. 40 mil. Æ.

41. Marie, duchesse de Bourgogne. Son buste. Sans revers. 40 mil. Æ.

42. Maximilien de Bourgogne. ℞. Buste de Marie de Bourgogne. 45 mil. Æ.

43. Charles Philippe de Croy. Son buste. ℞. Un écusson. 40 mil. Plomb.

44. Dumas, chevalier de l'Isle. Son buste tête nue. ℞. Cavalier armé de toutes pièces. 90 mil. Æ.

45. Lavalette d'Espernon. Son buste. ℞. Un lion entre une Furie et un renard. 55 mil. Æ.

46. Anne de Montmorency. Son buste. ℞. Les trois Grâces. 50 mil. Æ.

47. François Rabelais. Son buste de face. Sans revers. 44 mil. Æ.

48. Tabarin. Son buste de face, avec un bonnet grotesque. Médaille ovale. 55 mil. Æ.

## MÉDAILLES ANGLAISES.

49. Elisabeth. Son buste. ℞. Arche de Noé. Ovale. 50 mil. Æ.

50. Charles Ier et Marie. Leurs bustes accolés. ℞. L'hydre de la Révolution renversant les insignes de la royauté. 80 mil. Æ.

51. — ℞. Ecusson aux armes de France et d'Angleterre. Médaille gravée en creux. 25 mil. Æ.

52. Cromwell. Son buste de face couronné par deux soldats. ℞. Le buste de Mazaniello couronné aussi par deux guerriers. Æ.

53. — Médaille gravée par Dacier, pour sa mort; le buste, la légende et le sujet sont dorés. 35 mil. Æ.

54. Marie Tudor. Son buste. ℞. Figure assise, brûlant des monceaux d'armes près d'un temple. 60 mil. Æ, dorée.

55. Marie, princesse douairière. Son buste. ℞. Buste de face de Guillaume III enfant, autour une couronne. 63 mil. Æ.

## MÉDAILLES ESPAGNOLES.

56. Pierre, roi de Castille et Léon. Son buste. ℞. Ecusson. 63 mil. Æ.

57. Alphonse, roi d'Aragon. Son buste. ℞. *Opus Pauli de Ragusio.* Hygie, debout. 58 mil. Æ.

58. Charles-Quint. Son buste. ℞. Les colonnes d'Hercule. Médaille carrée. 40 mil. Æ, dorée.

59. — Son buste. ℞. Buste d'Isabelle de Valois. 35 mil. Æ.

60. Charles-Quint. Le roi assis sur un trône, tenant un globe et une épée. ℞. Le Christ assis sur un trône. 45 mil. Æ, dorée.

61 — Son buste, tenant le globe et un sceptre. ℞. Écusson soutenu par un aigle à deux têtes. 60 mil. Æ.

62. — Même médaille en bronze.

63. — Son buste cuirassé. Sans revers. 70 mil. Æ.

64. — Buste lauré. ℞. L'empereur faisant grâce à des captifs. 43 mil. Æ.

65. — Buste lauré. ℞. Buste de l'impératrice Isabelle. 70 mil. Æ.

66. Buste de Marie d'Autriche, fille de Charles-Quint. 65 mil. Plomb.

67. Jean d'Autriche, fils de Charles-Quint. Son buste. ℞. Colonne rostrale surmontée de sa statue. 40 mil. Æ.

68. Philippe II. Son buste cuirassé. ℞. Buste d'Anne d'Autriche. 40 mil. Æ.

69. Philippe III. Son buste. ℞. L'Espérance debout. 32 mil. AR.

70. Philippe IV. Son buste. Sans revers. 50 mil. AR.

71. Philippe V. Le roi à cheval. ℞. La ville de Naples assise. 60 mil. Æ.

72. Ferdinand, duc d'Albe. Son buste. ℞. Deux génies ailés tenant chacun une couronne. 46 mil. Æ.

73. Fernand de Lievanna. ℞. La Justice sur un rocher au milieu des flots. 55 mil. Æ.

74. Hiéronyme d'Aragon. Son buste. ℞. La Pudeur debout. 40 mil. Æ.

75. Ferdinand empereur. Son buste. ℞. Bustes accolés de Maximilien et Marie. 35 mil. AR.

76. Ferdinand Alvarès, duc d'Albe. Son buste. ℞. Minerve dans un char traîné par deux chouettes, et couronnée par la Victoire. 35 mil. AR.

77. Ferdinand Gonzague. Son buste. ℞. Femme tenant un flambeau, dans un char. 70 mil. AR.

78. Même médaille, sans revers. Æ.

79. Gonsalve III. Son buste. ℞. La bataille de Cannes. 58 mil. Æ.

80. Anegus Lopez Mendoza. Son buste. Sans revers, 102 mil. Æ.

81. Louis cardinal Portocarero. Son buste. ℞. La Renommée sur une colonne au bord de la mer. 45 mil. Æ.

82. Thomas Enriques Carera. Son buste. ℞. Siége de Gênes. 60 mil. Æ.

## MÉDAILLES DES PAYS-BAS.

83. Alexandre Farnèse, gouverneur de Belgique. Son buste. ℞. Statue sur une colonne rostrale. 45 mil. AR.

84. Étienne de Witte. Son buste. ℞. *Ob patriam defensam*, etc., dans une couronne. 40 mil. AR.

85. Philippe de Montmorency, comte de Horn. Son buste ℞. Buste de la comtesse de Horn, sa femme. 60 mil. AR.

86. Buste du comte de Horn ℞. Buste de sa femme. 34 mil. Plomb.

87. Elisabeth, duchesse de Brabant. Son buste. ℞. Buste d'Albert, archiduc d'Autriche. 30 mil. AR.

88. Maurice, prince d'Orange, comte de Nassau. Son buste. ℞. Naissance de Vénus. 32 mil. AR.

89. Philippe Guillaume, prince d'Orange, comte de Nassau. Son buste. ℞. Un navire. 38 mil. Plomb.

90. Maurice de Nassau. Son buste de face, tenant une épée. ℞. Écusson. 60 mil. AR.

91. Abraham Ortillius. Son buste. ℞. Un serpent au milieu de livres. 35 mil. AR.

92. Philippe Guillaume d'Orange, comte de Nassau. Son buste. Sans revers. 42 mil. AR.

93. Guillaume III. Son buste de face, au milieu d'une couronne de roses. ℞. La Sagesse enseignant la crainte de Dieu à un enfant. 60 mil. AR.

94. Médaille relative à la défense de Breda: figure allégorique tenant une corne d'abondance, un caducée et une épée. ℞. Figure debout, tenant une lance et un sceptre, écrase l'Envie; à ses pieds un lion et un bélier. 70 mil. Æ.

95. Le comte Guillaume donne un écusson à la ville d'Amsterdam. ℞. L'empereur Maximilien couronne l'écusson; très-belle médaille avec de nombreux personnages. 80 mil. AR.

96. L'amiral Tromp. Son buste de face. ℞. Combat naval. 65 mil. (Fer de Berlin.)

97. Guillaume de Nassau, prince d'Orange. Son buste de face. ℞. Quatre personnages parmi lesquels se trouve l'amiral Tromp tenant un conseil. 80 mil. Æ.

## MÉDAILLES PAPALES.

98. Eutichien Ier. Son buste. ℞. Deux clefs. 40 mill. Æ.

99. Boniface IV. Son buste. ℞. Buste de Léon VI. 38 mill. Æ.

100 Nicolas IV. Son buste. ℞. Sans revers. 40 mill. Plomb.

101. Nicolas IV. Son buste. ℞. Écusson avec deux clefs en sautoir 40 mil. Æ.

102. Caliste III. ℞. Écusson surmonté d'une tiare. 40 mill. Æ.

103. — Son buste. ℞. Fortification. 40 mill. Æ.

104. Paul II. Son buste. Sans revers. Ovale, 38 mill. Æ.

105. — ℞. Porte d'une ville. 30 mill. Æ.

106. Clément VIII. Son buste. ℞. Vue de la ville de Ferrare 32 mill. Æ.

107. Léon X. Son buste. ℞. Écusson surmonté d'une tiare. 72 mil. Æ.

108. — La Libéralité répandant de l'argent qui sort d'une corne d'abondance. 30 mill. Æ.

109. — — 30 mill. Æ.

110. Léon X. ℞. Rome assise. 33 mill. Æ.

111. Grégoire XIII. Son buste. ℞. Quatre femmes à genoux devant la Religion. 55 mill. Æ.

112. Grégoire XIII Son buste, bénissant. ℞. La Justice assise entre la Paix et l'Abondance. 40 mill. Plomb.

113. Alexandre VI. Son buste. ℟. Le couronnement du pontife. 43. mill. Æ.

114. Jules II. Son buste. ℟. Le Vatican. 55 mill. Æ.

115. Jules II. Son buste. ℟. *Portus centum cellæ* 30 mill. Æ.

116. Urbain VIII. Son buste. ℟. Le lavement des pieds. 25 mill. ℟.

117. Alexandre VII. Son buste ℟. Androclès et son lion. 100 mill. Æ.

118. Alexandre VII. Son buste. ℟. La place Saint-Pierre. 75 mill. Æ.

119. Alexandre VII. Son buste. ℟. Canonisation dans l'église Saint-Pierre. 40 mill. Æ.

120. Clément VIII. Son buste ℟. Déclaration du Jubilé. 40 mill. Æ.

121. Innocent XI. Son buste. ℟. Lion dévorant un chien. 80 mill. Æ.

122. — Son buste. ℟. *Dextra tua Domine percusit inimicum*, dans une couronne. 43 mill. En bronze doré.

123. — Son buste. ℟. Le pape recevant des ambassadeurs de pays lointains. 40 mill. Bronze doré.

124. — Son buste ℟. Un ange terrassant le démon et brandissant un foudre. 49 mill. Bronze doré.

125. — Son buste. ℟. La Religion entourée d'enfants 30 mill. Bronze doré.

126. — Son buste. Jean Sobieski chassant les Turcs par l'intercession de la Vierge. 38 mill. Bronze doré.

127. Alexandre VIII. Son buste. ℟. Le globe du monde. 38 mill. Bronze doré.

128. — Son buste. ℟. Saint Pierre et saint Paul, debout. 15 mill. ℟.

129. Innocent XII. Son buste. ℟. Édifices religieux. 100 mill. Æ.

130. Clément XI. Son buste. ℟. Le soleil levant. 100 mill. Æ.

131. — Son buste. R/. La Piété appuyée sur une mitre. 35 mil. Æ.

132. Innocent XIII. Son buste. R/. Saint Michel poursuivant les ennemis de la papauté. 40 mill. Æ.

133. Benoit XIII. Son buste. R/. Pose de la première pierre d'un monument. 35 mill. AR.

134. Benoit XIV. Son buste. R/. Ouverture d'un jubilé. 35 mill. Æ.

## MEDAILLES ECLESIASTIQUES.

135. Le cardinal Albitius. Son buste. R/. Hercule et Cerbère. 65 mill. Æ.

136. Vincent Bérard. Buste de saint Pierre. R/. Un vase surmonté d'une croix. 70 mill. Æ.

137. Le cardinal Ludovisi. Buste de saint Ignace. R/. Longue légende en huit lignes. 60 mill. Bronze doré.

138. Le cardinal Ursini. Son buste. R/. Apparition surnaturelle du pape au cardinal. 62 mill. Æ.

139. Le cardinal Alexandre Farnèse. Son buste. R/. Monument. 45 mill. Æ.

140. Galéas, Marescotti. Son buste. R/. Colonne brisée dans une couronne. 90 mill. Æ.

141. Zucchius, abbé de Vérone. Son buste. R/. L'abbé tombant aux genoux de saint Pierre. 90. mill. Æ.

142. Cardinal Conzalvi. Deux médailles dans une boîte. 55 mill. Æ.

## MEDAILLES ITALIENNES.

143. Julien Médicis. Son buste. R/. Légende dans un triangle 80 mill. Æ.

144. — Son buste. ℞. Rome assise. 30 mill. Æ.

145. Alexandre Médicis. Son buste. ℞. Un rhinocéros. 86 mill. Æ.

146. Cosme de Médicis. Son buste. ℞. La formation de son armée. 40 mill. Æ.

147. — Son buste. ℞. Capricorne et étoiles. 35 mill. Plomb.

148. Son buste. ℞. Capricorne et étoiles. 80 mill. Æ.

149. François de Médicis. Son buste. ℞. Un écureuil apportant un rameau. 82 mill. Æ.

150. Éléonore, duchesse de Florence. Son buste. ℞. Un phénix. 40 mill. Æ.

151 Ferdinand de Médicis. ℞. La reine des abeilles entourée d'abeilles. 85 mill. Æ.

152. Charles Strozza, sénateur de Florence. ℞. L'Amour s'efforçant d'arrêter le Temps. 110 mill. Æ.

153. Jean Genzadinus, archidiacre de Bologne. ℞. Son buste. Aigle sur un arbre. 72 mill. Æ.

154. Marie-Magdeleine, duchesse d'Étrurie. Son buste. Sans revers. 90 mill. Æ.

155. Jean Jacque Trivulce, maréchal de France. Son buste. ℞. *Nec cedit umbra cœli*. 40 mill. Æ.

156. Jean-François Trivulce. ℞. Triomphe d'Amphitrite. 60 mill. Æ.

157. Marsilielus papa fava de Carrare. Son buste. ℞. Les armes de Carrare. 70 mill. Æ.

158. Nicolas de Carrare. Son buste. ℞. Les armes de Carrare. 70 mill. Æ.

159. Lucrèce Borgia. Son buste. ℞. Le buste d'Alphonse d'Este. 55 mill. Æ.

160. Leonellus d'Este. Son buste. ℞. Tête d'enfant trifrons. 60 mill. Æ.

161. Jean-François de Gonzague. Son buste. ℞. Pallas, Mars et la Victoire. 40 mill. Æ.

162. Madeleine de Gonzague. Son buste. Sans revers. 55 mill. Æ.

163. Hippolyta de Gonzague. Son buste. ℟. Diane partant pour la chasse. 65 mill. Æ.

164. Bonavidius. Son buste. ℟. Bœuf couché. 30 mill. Æ.

165. Alexandre Farnèse. Son buste. ℟. Statue équestre. 64 mill. Æ.

166. Jerôme Scotti, duc de Plaisance. Son buste. Médaille ovale. 70 mill. Plomb.

167. Même pièce. ℟. Main étouffant des serpents. Ovale.

168. Sigismond Malatesta. Son buste. ℟. Femme assise sur deux éléphants tenant une colonne. 80 mill. Æ.

169. — Son buste. ℟. Heaume et écusson. 40 mill. Æ.

170. — Son buste. ℟. L'église de Rimini. 40 mill. Æ.

171. Aldobrandi. Son buste. ℟. Prise d'une ville. 90 mill. Æ.

172. Camille Sforce d'Aragon, duchesse de Pezaro. Son buste. ℟. Femme tenant une flèche et un serpent, assise sur une licorne et un bélier. 80 mill. Æ.

173. Galéas, Marie Sforce. Son buste. ℟. François Sforce. Son buste. 40 mill. Æ.

174. François Sforce. Son buste. ℟. Un chien à côté d'un olivier. 40 mill. Æ.

175. Isotte de Rimini. Sa tête. ℟. Un éléphant. 80 mill. Æ.

176. — Sa tête. ℟. Un livre ouvert. 40 mill. Æ.

177. — La même.

178. Nicolas Piccini. Son buste. ℟. Deux enfants allaités par un griffon ailé. 80 mill. Plomb.

179. Gui Ubaldo II, duc d'Urbain. Son buste. ℟. Course de chars. 50 mill. Æ.

180. André Doria. Son buste. ℟. Un vaisseau. 40 mill. Æ.

181. Même médaille.

182. François Vitalis. Son buste. R/. Lion conduit par une femme nue. 40 mill. Æ.

183. Thomas Philologue, citoyen de Ravenne. Son buste. R/. Aigle tenant dans ses serres un enfant qu'il présente à une femme. 38 mill. Æ.

184. Gabriel Tadini. Son buste. R/. Une rangée de canons. 35 mill. Æ.

185. Angelius Politianus. Son buste. R/. Buste de Marie Politiana. 35 mill. Æ.

186. Alexandre Batianus et Jean Cavineus, graveurs de Padoue. R/. Cérès tenant les tables de la loi. 35 mill. Æ.

187. Dominique Fontana. Son buste. R/. Obélisque. 38 mill. Æ.

188. Jérôme Quirinus. Son buste. R/. Saint Jérôme à genoux. 40 mil. Æ.

189. Alexandre Milo. Son buste. R/. La Foi assise. 38 mil. Æ.

190. Boccachio. Son buste. Sans revers. 100 mil. Æ.

191. Violante Beatrice. Son buste. R/. Ascension de la Vierge. 80 mil. Æ.

192. Benoît Averanus. Son buste. R/. Minerve debout devant un olivier. 88 mil. Æ.

193. Antoine Malliabetus. Son buste. R/. Un livre ouvert sur une table. 100 mil. Æ.

194. L'Arétin. Son buste. R/. Saturnale. 83 mil. Æ.

195. Octave Ugolinus, patricien de Florence. Son buste. R/. Panthère, serpent, chimère, etc., se précipitant sur un homme nu. 86 mil. Æ.

196. Élisabeth Quirina. Son buste. R/. Les trois Grâces. 40 mil. Bronze doré.

197. Christophe Wren. Son buste. R/. L'église Saint-Paul, à Londres. 85 mil. Æ.

## MÉDAILLES VÉNITIENNES.

198. Orsatus Justitianus. Son buste. ℞. Lion et ours. 90 mil. Plomb.

199. Augustin Barbadigo. Son buste de face. ℞. Le doge à genoux devant le lion de saint Marc. 88 mil. Æ.

200. Antoine Grimani. Son buste. ℞. La Justice et la Paix se donnant la main. 30 mil. Æ.

201. Marin Grimani. Son buste. ℞. Le lion de saint Marc. 40 mil. Æ.

202. Cristophore Moro. Son buste. ℞. Venise assise sur deux lions. 40 mil. Ꞩ.

203. Marin Grimani. Son buste. ℞. La naissance de Minerve. 70 mil. Æ.

204. Charles Vendremeno. Son buste. ℞. Écusson. 60 mil. Æ.

## MÉDAILLES ALLEMANDES.

205. Héraclius, empereur d'Orient. Son buste. ℞. L'empereur dans un char. 90 mil. Æ.

206. Mahomet. Sa tête. ℞. Les trois Provinces de l'Asie enchaînées dans un char. 90 mil. Æ.

207. Barberousse. Sa tête. ℞. Inscription arabe. 23 mil. Ꞩ.

208. Henri. Son buste. ℞. Buste de Constantia. 50 mil. Æ.

209. Ferdinand et Charles-Quint. Leurs bustes affrontés. ℞. Défaite de Jean-Frédéric de Saxe. 55 mil. Ꞩ.

210. Rodolphe II. Son buste. ℞. Une légende en huit lignes. 1584. 40 mil. Ꞩ.

211. — . Sa tête. ℞. Écusson à sept quartiers. 22 mil. Ꞩ.

212. Mathias de Hongrie. Son buste. ℞. Aigle tenant un sceptre. Médaille ovale. 42 mil. AR.

213. Rodolphe II. Son buste. ℞. Écusson. 22 mil. Æ.

214. Joseph II. Sa tête. ℞. Son sacre. 60 mil. Æ.

215. Mathias et Maximilien. Leurs têtes accolées. ℞. Têtes accolées d'Albert et de Wenceslas. 50 mil. AR.

216. Têtes accolées d'Albert et de Wenceslas. Sans revers. 50 mil. Plomb.

217. Albert. Sa tête. Sans revers. 45 mil. Æ.

218. Albert. Sa tête. ℞. Tête d'Élisabeth, sa femme. 40 mil. Æ.

219. Marie-Thérèse. Sa tête. ℞. Neptune, Pallas, Junon, Vénus ; au milieu des déesses, l'Impératrice. 30 mil. Æ.

220. Mathias. Son buste. ℞. La Victoire sur un globe. 30 mil. Plomb.

221. Rodolphe II. Son buste. Médaille ovale dans un cadre. 60 mil. Plomb.

222. Madeleine, archiduchesse d'Autriche. Sa tête. Sans revers. 40 mil. Æ.

223. Maximilien, roi de Bohême. Son buste. ℞. Mercure volant. 65 mil. AR.

224. Auguste de Saxe. Sa tête. ℞. Anne de Saxe, sa femme. Son buste. 30 mil. AR.

225. Jean Frédéric de Saxe. Son buste de face. ℞. Ecusson. 65 mil. AR.

226. — Son buste de face. ℞. Une bataille. 45 mil. Bronze doré.

227. — Son buste de face. ℞. Une bataille. 35 mil. AR.

228. Jean Frédéric II, duc de Saxe. Sa tête de face. ℞. Ecusson. 50 mil. AR.

229. Bernhard, duc de Saxe. Sa tête. ℞. Vue de la ville de Brisach. 50 mil. AR.

230. Même médaille. Variété. 50 mil. AR.

231. Frédéric Ier, duc de Brandebourg et sa femme. Leurs têtes accolées. ℞. Ecusson. 30 mil. AR. Doré.

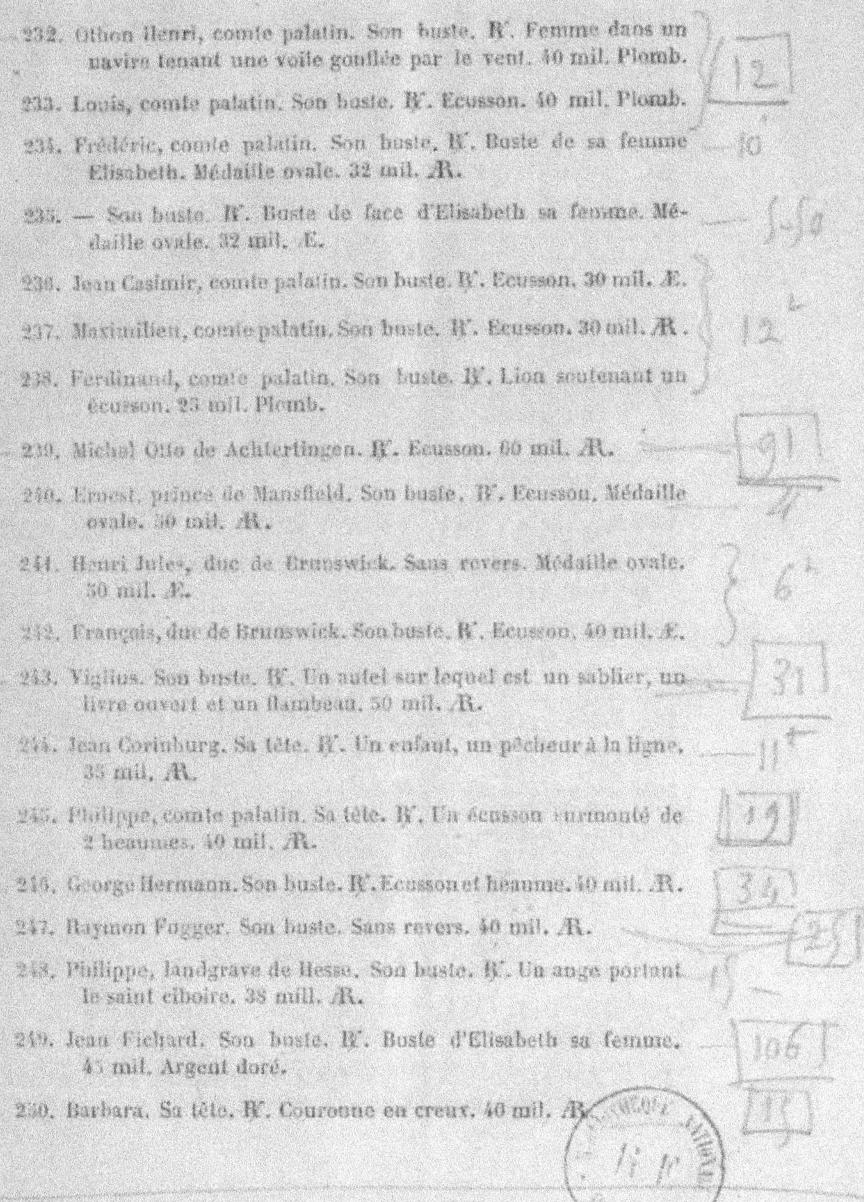

232. Othon Henri, comte palatin. Son buste. ℞. Femme dans un navire tenant une voile gonflée par le vent. 40 mil. Plomb.

233. Louis, comte palatin. Son buste. ℞. Ecusson. 40 mil. Plomb.

234. Frédéric, comte palatin. Son buste. ℞. Buste de sa femme Elisabeth. Médaille ovale. 32 mil. Æ.

235. — Son buste. ℞. Buste de face d'Elisabeth sa femme. Médaille ovale. 32 mil. Æ.

236. Jean Casimir, comte palatin. Son buste. ℞. Ecusson. 30 mil. Æ.

237. Maximilien, comte palatin. Son buste. ℞. Ecusson. 30 mil. Æ.

238. Ferdinand, comte palatin. Son buste. ℞. Lion soutenant un écusson. 25 mil. Plomb.

239. Michel Otto de Achtertingen. ℞. Ecusson. 60 mil. Æ.

240. Ernest, prince de Mansfield. Son buste. ℞. Ecusson. Médaille ovale. 30 mil. Æ.

241. Henri Jules, duc de Brunswick. Sans revers. Médaille ovale. 30 mil. Æ.

242. François, duc de Brunswick. Son buste. ℞. Ecusson. 40 mil. Æ.

243. Viglius. Son buste. ℞. Un autel sur lequel est un sablier, un livre ouvert et un flambeau. 50 mil. Æ.

244. Jean Corinburg. Sa tête. ℞. Un enfant, un pêcheur à la ligne. 35 mil. Æ.

245. Philippe, comte palatin. Sa tête. ℞. Un écusson surmonté de 2 heaumes. 40 mil. Æ.

246. George Hermann. Son buste. ℞. Ecusson et heaume. 40 mil. Æ.

247. Raymon Fugger. Son buste. Sans revers. 40 mil. Æ.

248. Philippe, landgrave de Hesse. Son buste. ℞. Un ange portant le saint ciboire. 38 mill. Æ.

249. Jean Fichard. Son buste. ℞. Buste d'Elisabeth sa femme. 45 mil. Argent doré.

250. Barbara. Sa tête. ℞. Couronne en creux. 40 mil. Æ.

251. Hans Walbard. Son buste. ℟. Ecusson. 38 mil. Æ.

252. George Maning. Son buste de face. ℟. Ecusson. 38 mil. Æ.

253. André Imboff. Buste de face. ℟. Jean Coren. Son buste. 40 mil. Argent doré.

254. Balthasar Pueffer. Son buste de face. ℟. Ecusson. 30 mil. Æ.

255. Jean Jacques Tezel. Son buste de face. Sans revers. 45 mil. Æ.

256. Buste sans le nom du personnage. ℟. Inscription dans le champ. 30 mil. Æ.

257. Noris. Son buste de face. ℟. Ecusson surmonté d'un heaume, 32 mil. Æ.

258. Alexandre Danet. Son buste. ℟. Buste de Marc Verité. 45 mil. En plomb.

259. Jo. *Abbas in fonte salutis.* Son buste. ℟. Légende dans le champ. 38 mil. Æ.

260. Sébalthaller. Son buste de face. Sans revers. 35 mil. Æ.

261. Jean Philippe, évêque de Bemberg. Son buste. ℟. Deux écussons. Médaille ovale. 33 mil. Æ.

262. Henri Aibisch. Son buste. ℟. Ecussons. 28 mil. Æ.

263. André Imboff. Son buste de face. Sans revers. 50 mil. Æ.

264. Frédéric, landgrave de Hesse. Son buste. ℟. La Religion tenant une croix et un calice. 50 mil. Æ.

265. George Ollinger. Son buste de face. ℟. Ecusson. 55 mil. Æ.

266. Paul Paumgartner. Son buste. Sans revers. 50 mil. Æ.

267. Jérôme Paumgartner. Son buste de face. ℟. Écusson surmonté d'un heaume. 63 mil. Æ.

268. Christophore Herdessianus. Son buste de face. ℟. Main jetant un serpent dans un foyer. 57 mil. Æ.

269. Hans Graff. Son buste. ℟. Écusson surmonté d'un heaume. 35 mil. Æ.

270. Gabriel Holzschuher. Son buste de face. ℟. Écusson surmonté d'un heaume. 50 mil. Plomb.

271. Jean Berchtold. Son buste de face. ℟. Écusson. 60 mil. Æ.

272. Georges, évêque de Spire. Son buste. Sans revers. 62 mil. Æ.

273. Salomon Schweigger. Sa tête. Sans revers, 60 mil. Plomb.

274. Jean Baptiste Casimir. Son buste. ℟. Femme assise au pied d'un trophée. 44 mil. Æ.

275. Nicolas Flue. Son buste. ℟. Tête couronnée, au milieu d'une auréole. 45 mil. Æ.

276. Frédéric, évêque de Préneste. Son buste. ℟. Édifice. 30 mil. Æ.

277. Viglius Zvichemus. Son buste. ℟. Livre ouvert, sablier et flambeau. 40 mil. Æ.

278. Sébastien Gravez. Son buste de face dans une couronne. Sans revers, 48 mil. Plomb.

279. Ferdinand, comte d'Ortenburg. Son buste cuirassé de face. ℟. Un globe céleste et un arbre. 102 mil. Æ.

280. Simon de Liebestein, chancelier de Spire. Son buste. ℟. Écusson. 45 mil. Bronze argenté.

281. Jean Neudor. Son buste. ℟ Écusson surmonté d'un heaume. 22 mil. Argent doré.

## MEDAILLES DANOISES.

282. Frédéric II, roi de Danemark. Son buste. ℟. Buste de Sophie reine de Danemark. 20 mil. Æ.

283. Frédéric, roi de Danemark. Son buste. Revers de Sophie, reine de Danemark, 32 mil. Æ.

284. Frédéric III, roi de Danemark. Son buste. ℟. Buste de Sophie Amélie, sa femme. Médaille ovale, 43 mil. Æ.

285. — Son buste. ℟. Main tenant une épée et une couronne. Frappée à Copenhague. Médaille ovale, 33 mil. Æ.

286. Christian V, roi de Danemark. Son buste. ℟. Écusson entouré de 15 autres. Médaille ovale, 43 mil. Æ.

287. — Son buste. ℟. Buste de Frédéric III. Médaille ovale, 43 mil. Æ.

## MEDAILLES SUEDOISES.

288. Jean III, roi de Suède. Son buste tenant un globe et une épée, entourés d'écussons. ℟. Écusson et longue légende. 48 mil. Æ.

289. Gustave Adolphe. Son buste de face. ℟. Guerrier debout, foulant aux pieds des vaincus. 55 mil. Æ.

290. — Le roi assis, foulant aux pieds des vaincus. ℟. Fête donnée en l'honneur de la paix. 72 mil. Æ.

291. — Son buste de face. ℟. Épée soutenant une couronne entre une palme et un rameau. 38 mil. Æ.

292. — Son buste. ℟. Un lion tenant une épée et marchant sur des armes. Médaille ovale. 44 mil. Argent doré.

293. — Son buste. ℟. Buste de Marie Eléonore, reine de Suède. 40 mil. Argent doré.

294. — Son buste. ℟. Buste de Marie Eléonore, sa femme. Médaille ovale, 20 mil. Argent doré.

295. — Même médaille, 20 mil. Argent doré.

296. — Son buste. ℟. Buste d'Eléonore, sa femme. Médaille à pans coupés, 54 mil. Argent doré.

297. — Son buste. ℟. Une main tenant une épée surmontée d'une couronne. Médaille ovale, 18 mil. Argent doré.

298. — Son buste sur 3 écussons. ℟. Une fleur traversant une couronne. 26 mil. Æ.

299. — Son buste. ℟. Lion tenant une épée, marchant sur des armes. Médaille ovale, 40 mil. Æ.

300. Charles XI. Son buste. ℟. Une main présentant une couronne au roi à genoux. 28 mil. Æ.

301. — Son buste casqué. ℟. Cippe sur lequel est le nœud gordien, au-dessus une épée, 33 mil. Æ.

302. Charles XII. Son buste casqué. ℞. Hedewig, sa femme. 45 mil. Æ.

## MEDAILLES POLONAISES.

303. Sigismond I. Son buste couronné. ℞. Cinq écussons couronnés. 80 mil. Æ.

304. Ladislas Casimir. Son buste de face. Sans revers. 100 mil. Ꞩ.

305. Jean Casimir. Son buste. ℞. Prise d'une ville. 65 mil. Æ.

306. Sanuschius Radzivil. Son buste. ℞. Buste d'Elisabeth, sa fille. Médaille ovale, 37 mil. Plomb.

307. Anne Zradzimina Leczinska. Son buste. Sans revers. Médaille ovale, 42 mil. Plomb.

308. Buste de femme de face. Sans revers. Médaille ovale, 27 mil. Ꞩ.

309. Buste d'homme. ℞. Le monogramme d'Albert Durer, 1526. 20 mil. Ꞩ.

310. Buste de femme. Sans revers. Médaille ovale, 36 mil. Æ.

311. Buste d'homme. Sans revers. Médaille ovale, 40 mil. plomb.

312. Buste de femme. Sans revers, 30 mil. Æ.

## MEDAILLES RELIGIEUSES.

313. Buste de sainte Marguerite, de chaque côté. 55 mil., Ꞩ.

314. Adam et Ève cueillant la pomme. ℞. Le crucifiement. 66 mil. Ꞩ.

315. Sacrifice d'Abraham. ℞. Le crucifiement. 50 mil. Ꞩ.

316. L'adoration des Mages. Jésus-Christ enfant dans des nuages, tenant un globe. 35 mil. Æ.

317. Buste du Christ couvert de plaies. ℞. Ange portant la croix. 40 mil. Æ.

318. Quinze bulles papales en plomb.

319. Neuf poids de villes.

320. Sous ce numéro on vendra des pièces non cataloguées.

# INTAILLES

1. Nicolo. Femme nue tenant une boite; à ses pieds une fleur dans un vase. L'Amour assis jouant avec des boules. Même sujet. 3.

2. — Tête de Jupiter. Taureau. Guerrier assis devant un cheval. 3.

3. Agate rubannée, Hygie debout. Cornaline, Victoire debout, Onyx, l'Amour jouant avec un chien. 3.

4. Nicolo, Guerrier debout tenant un casque. Cornaline, Bœuf près d'un arbre. Nicolo, Faune tenant le pedum et une grappe de raisin. 3.

5. Nicolo, Tête de bacchant. Cornaline, Figure nue avec un bige. Prime d'émeraude, Buste de face du Soleil. 3.

6. Onyx, Icare volant au-dessus de la mer. Jacinthe, Hippopotame. Grenat, Mouton fuyant. 3.

7. Sardoine, Pallas Nicéphore debout. Onyx, Venus debout, à ses pieds l'Amour. Calcédoine, Esculape debout. 3.

8. Nicolo, Satyre et un bouc. Cornaline, jeune Homme à genoux tenant un masque. Onyx, Guerrier debout. 3.

9. Cornaline, Femme assise, tenant une corne d'abondance et des pavots. Guerrier tenant un bouclier. Onyx, un Chien. 3.

10. Nicolo, Homme marchant. Onyx, Tête d'homme. Calcédoine, Faune marchant. 3.

11. Sardoine, l'Amour tenant un flambeau et un papillon. Cornaline, l'Amour conduisant un bige de lions. Nicolo, Figure tenant un instrument de musique. 3.

12. Améthyste, Tête de femme. Cornaline, l'Amour sur un lion. Sardoine, jeune Homme couché, à ses pieds un chien; trois femmes l'entourent. 3.

13. Nicolo, l'Amour tenant une ancre. Cornaline, trois Amours dans une barque. Calcédoine, tête d'Antinoüs. 3.

14. Prime d'émeraude, Tête de Minerve. Onyx, Sphinx. Cornaline, Course de chars. 3.

15. Cornaline, Muse debout. Bige. Sardoine, Hercule étouffant Antée. 3.

16. Onyx, Mercure debout. Nicolo, Sphinx. Prime d'émeraude la Fortune debout. 3.

17. Nicolo, l'Amour appuyé sur un thyrse. Jaspe, Hygie debout. Sardoine, Minerve debout. 3.

18. Jaspe, l'Amour tenant un papillon. Cornaline, Jupiter assis. Tête barbue d'Hercule. 3.

19. Nicolo, Figure tenant une épée. Tête de Jupiter. l'Amour volant. 3.

20. Onyx, Romain enveloppé dans sa toge. Nicolo, Guerrier debout. Grenat, Vénus callipige debout. 3.

21. Nicolo, Aigle. Prime d'émeraude, Tête de femme. Cornaline, Tête de Mercure, au-dessous deux mains jointes. 3.

22. Onyx, Tête de femme. Prime d'émeraude, l'Espérance marchant. Sardoine, Mercure debout. 3.

23. Sardoine, Victoire. Onyx, Tête de Jupiter Indien. Jaspe. Double tête de Jupiter Sérapis et de satyre. 3.

24. Jaspe, Homme nu debout. Sardoine, buse d'Esculape. Deux lutteurs. 3.

25. Jaspe, Tête d'Hercule. Jaspe sanguin, Hercule marchant. Grenat, Aigle les ailes éployées. 3.

26. Améthyste, Cheval buvant dans un vase, et la légende *Secure vive*. Calcédoine, Homme assis, façonnant un bouclier. Onyx, Tête de bélier sur un cippe, à côté caducée et vase. 3.

27. Jaspe, Tête d'Hercule. Cornaline, Tête d'Ulysse. Sardoine, Tête d'un Romain. 3.

28. Jaspe, tête de Pallas. Calcédoine, tête de femme. Jaspe vert, tête de Sérapis et d'Isis. 3.

29. Calcédoine. Aigle sur un animal. Sardoine, deux Amours et un chien près d'un cippe. Nicolo, le centaure Chiron et Achille. 3.

30. Agate rubannée. Lion. Onyx, Pallas Nicéphore. Sardoine, Tête de Mercure. 3.

31. Jaspe. Cigogne. Nicolo, Tête de bélier. Onyx, la Fortune debout. 3.

32. Onyx, Pallas debout. Cornaline, Tête de femme entre deux Victoires. Sardoine, Neptune et Junon. 3.

33. Jaspe vert. Les Hébreux promenant l'arche, et le chandelier à 7 branches, dessous : *Imp. Titi judaicus triumphus.* Ovale, 44 mil., dans un cercle entouré de 18 grenats.

34. Améthyste dans un cercle en argent doré. Deux lutteurs dont l'un est renversé, KPOMOY. 41 mil.

35. Sardoine dans un cercle en argent doré. Homme nu barbu, menaçant d'un poignard une femme couchée ; HOAV-KAEITOV. 48 mil.

36. Cornaline, monture ancienne, argent doré. Trois guerriers près d'une colonne.

37. Améthyste montée en or. Tête d'un roi parthe.

## BAGUES, CAMÉES

38. 362 Intailles. Ce lot sera divisé.

39. Jaspe, portrait du Christ ; bague en or entourée de petits rubis.

40. Agate, portrait d'un Vieillard ; bague entourée de petites perles.

41. Agate. Buste de femme.

42. Agate. Bustes accolés d'homme et de femme. Or.

43. Agate. Buste de femme voilée. Or.

44. Agate. Buste jeune lauré.

45. Agate. Buste de jeune femme.

46. Jaspe. Tête coiffée du piléus.

47. Onyx. Tête de M. Aurèle. Or.

48. Jaspe. Tête jeune ailée ; intaille. Or.

49. Calcédoine, Tête casquée barbue.

50. Sardoine, Tête de bélier de face.

51. Sardoine, Diane d'Ephèse dans un temple; intaille. Or.

52. Agate, Un chasseur apportant un lapin à une femme assise près d'un arbre. Or.

53. Agate, Tête de Jupiter Sérapis. Or.

54. Agate, Buste de femme, peut-être Marie Stuart ; dans une cassolette en or.

55. Agate, Tête de femme.

56. Jaspe, sphynx assis.

57. Pâte, buste de femme, de face. Argent.

58. Onyx, tête imberbe.

59. Saphirine, tête voilée de femme. Or.

60. Agate, tête de femme. Or.

61. Agate, buste d'un empereur romain barbu. Or.

62. Agate, tête laurée. Or.

63. Agate, femme tenant dans ses bras un enfant emmailloté.

64. Agate, tête de femme, avec le bonnet de la liberté. Or.

65. Topaze, tête de femme de face. Or.

66. Agate, tête barbue, peut-être Socrate. Or.

67. Calcédoine, tête de femme, intaille. Or.

68. Agate, tête d'enfant de face. Bague en or avec deux petites émeraudes.

69. Agate, buste de Cléopâtre se faisant piquer par un aspic. Or avec fleurs émaillées.

## BAGUES INTAILLES

70. Sardoine, griffon dévorant un cerf. Or.
71. Améthyste, tête de femme. Or.
72. Calcédoine, tête de Cérès.
73. Rubis, cigale sur un épi de blé ; monture antique. Or.
74. Nicolo, deux coqs se battant.
75. Sardoine, deux poissons; au milieu, une croix. Or.
76. Nicolo, tête d'Hercule coiffé de la peau du lion, monture ancienne. Or.
77. Cornaline, tête de Méduse, de face.
78. Nicolo, Vénus debout près d'une colonne, tient un casque et une lance. Or.
79. Calcédoine, l'Abondance debout près d'un autel. Or.
80. Jaspe rouge, Jupiter Sérapis debout.
81. Sardoine, Eros debout, tenant des épis et une corbeille.
82. Sardoine, buste de femme devant un masque scénique. Or.
83. Cornaline, bige.
84. Jacinthe, épée, casque, bouclier, etc. Or.
85. Calcédoine, tête voilée de femme.
86. Jaspe rouge, crocodile poursuivant un serpent. Or.
87. Topaze, tête casquée de femme. Or.
88. Nicolo, coq debout devant un foudre. Or.
89. Onyx, tête de femme. Or.
90. Onyx, bœuf marchant.
91. Cornaline, l'Amour sur un cheval marin.

92. Sardoine, l'amour sur un lion ; monture antique. Or.

93. Sardoine, homme barbu à genoux près d'un arbre, et un bouc près d'une fleur.

94. Cornaline, les Dioscures debout près de leurs chevaux. Or.

95. Nicolo, proue de navire. Or.

96. Cornaline, tête de Vénus. Or.

98. Nicolo, tête d'Hercule. Or.

99. Calcédoine, monstre marin à tête humaine.

100. Nicolo, femme nue tenant un serpent. Or.

101. Jaspe, femme nue, tenant une corbeille.

102. Sardoine, tête d'Hercule jeune. Or.

103. Cornaline, Vénus et l'Amour avec un arc.

104. Sardoine, tête jeune radiée. Or.

105. Cornaline, sacrificateurs conduisant un bélier à l'autel.

106. Cornaline, tête de femme. Or.

107. Calcédoine, tête de Vespasien. Or.

108. Jaspe, les Dioscures debout.

109. Sardoine, cavalier et un chien poursuivant un cerf.

110. Nicolo, figure nue et barbue sacrifiant devant un autel. Or avec six petits diamants.

111. Cornaline, Némésis marchant avec deux flambeaux. Or.

112. Nicolo, lion dévorant un cerf.

113. Cornaline, Vénus nue, assise, et l'Amour devant elle.

114. Cornaline, satyre et une chèvre. Or.

115. Sardoine, Mercure debout IСΘΥС.

116. Cornaline, homme nu assis, travaillant à un vase.

117. Onyx, tête barbare casquée et surmontée d'une croix; autour, une légende barbare.

118. Calcédoine, les Dioscures tenant leurs chevaux par la bride. Or.

119. Nicolo, masque scénique. Or.

120. Jaspe, perroquet sur une branche d'arbre.

121. Sardoine, truie AVAON.

122. Femme assise sur un rocher, mi-partie sardoine, mi-partie or.

123. Cornaline, tête barbue de Jupiter.

124. Onyx, un barbare assis sur un siége, tient un long bâton. Or.

125. Cornaline, tête d'Othon. Or.

126. Sardoine, homme nu assis, façonnant un arc.

127. Sardoine, tête de Domitia. Or.

128. Bague composée de deux primes d'émeraudes et d'une sardoine, Mercure assis, Victoire assise, Apollon debout. Or.

129. Sardoine, un enfant sur un centaure. Or.

130. Sardoine, bœuf cornupète. Or.

131. Cornaline, deux oiseaux perchés sur une branche d'arbre. Or.

132. Onyx, l'Amour jouant avec un papillon.

133. Cornaline, tête de Vitellius. Or.

134. Nicolo, guerrier appuyé sur une colonne. Or.

135. Cornaline, Faune assis et l'Amour sur un bouc.

136. Sardoine, Victoire marchant.

137. Prime d'émeraude, Pallas debout. Or.

138. Cornaline, tête d'Hadrien.

139. Sardoine, truie. Or.

140. Sardoine, oiseau sur un globe, monture antique. Or.

141. Prime d'émeraude, grand-prêtre voilé, debout. Or.

142. Cornaline, le centaure Chiron enlevant Déjanire. Or.

143. Anneau composé de huit cornalines avec sujet gravé sur chacune.

144. Calcédoine. Guerrier debout devant une colonne entourée d'un serpent, et au-dessus un coq ; au pied un bélier.

145. Jacinthe. Homme nu assis, tirant une chèvre par la barbe.

146. Jaspe. Tête barbue. Or.

147. Bague avec un saphir, non gravé.

148. Cachet égyptien en terre émaillée, gravé sur les quatre faces, monture antique. Or.

149. Nicolo. Guerrier portant un trophée. Argent doré.

150. Onyx. L'Amour et un petit lapin, monture antique. Argent.

151. Sardoine. Tête de Sérapis, au-dessous un aigle ; deux Victoires sur deux colonnes. Argent.

152. Cornaline. Tête de jeune homme. Argent.

153. Cornaline. Cerf. Argent.

154. Nicolo. Aigle. Fer.

155. Sardoine. Bige. Fer.

156. Agate. Table, dessous ΘAIC. Or.

## CAMÉES

157. Onyx, sertie dans un cercle orné. Enlèvement de Proserpine. Ovale, 100 mil.

158. Agate. Tête de Méduse de face, sertissure en argent, incrusté dans une tablette, bois et ivoire.

159. Jaspe. Tête d'un grand prêtre juif, avec la tiare. Ovale, 68 mil.

160. Pâte de verre bleu antique. Tête de face d'un Romain.

161. Jaspe vert. Buste de face du Christ nimbé, d'un côté IC de l'autre XC.

162. Cailloux. Ours jouant du biniou.

163. Agate herborisée. Tête barbue. Ovale, 55 mil.

164. Rouge antique, Tête voilée.

165. Agate. Tête laurée d'empereur romain.

166. Pierre tenero-dure. Buste du Christ de face, haut relief.

167. Cornaline. Trois têtes accolées dont une barbue, Ovale, 60 mil.

168. Cornaline. L'Amour conduisant un bige de lions.

169. Agate-onyx. Tête de femme casquée et cuirassée.

170. Agate. Tête laurée d'un empereur romain.

171. Agate. L'Amour et Psyché debout.

172. Sardonyx. Buste de face à longs cheveux, casqué et cuirassé, haut relief.

173. Agate. Tête barbue.

174. Agate. Tête d'Auguste.

175. Agate-onyx. Un jeune homme se préparant à monter sur Pégase, donne la main à un vieillard assis, mi-partie pierre, mi-partie or.

176. Onyx à deux couches. Tête de Jupiter lauré.

177. Agate. Buste lauré d'Hadrien.

178. Agate. Tête de femme couronnée de lierre.

179. Agate. Têtes accolées d'homme barbu et de femme.

180. Agate. Tête de Lysimaque avec la corne d'Ammon.

181. Agate. Tête barbue d'empereur.

182. Agate. Tête de femme.

183. Agate. Tête de négresse.

185. Agate. Bouc marchant, monture en or.

186. Agate. Trois têtes de rois mages.

187. Agate. Buste de Minerve casquée.

188. Agate. Buste imberbe d'un jeune homme.

189. Agate. Tête du roi Priam, avec un bouclier.

190. Agate. Buste nu d'Hercule, avec la massue.

191. Agate. Buste voilé de face de Négresse, monture en or.

192. 28 petits camées en pierres et pâtes, divers sujets et diverses têtes. Ce lot sera divisé.

193. Calcédoine. Buste de Néron en *ronde bosse*, monté sur un socle en argent, hauteur, avec le socle. 96 mill.

194. Calcédoine. Buste de Commode en rondebosse, monté sur un socle en argent doré, une perle et un grenat sont incrustés sur la tête ; haut. avec le socle 35. mill.

195. 18 pierres de différentes matières, avec inscriptions grecques, latines, arabes, monogrammes, etc. Ce lot sera divisé.

196. 81 pierres, abraxas, cabalistiques, gnostiques, en calcédoine, cornaline, agate, hématite, jaspe, etc. Ce lot sera divisé.

197. 57 cylindres babyloniens, persépolitains, en calcédoine, agate, hématite, jaspe, etc. Ce lot sera divisé.

198. 64 cônes, babiloniens, persépolitains, également en matières diverses. Ce lot sera divisé.

199. 17 scarabées égyptiens, étrus, grecques, etc., en matières dures sardoine, calcédoine, onyx, agate, etc. Ce lot sera divisé.

200. 42 scarabées égyptiens en terre cuite.

201. 19 cachets en argent, en fer, en cristal, en cornaline, etc. Ce lot sera divisé.

202. Une boule en cristal de roche, montée en argent.

## ANTIQUITÉS

### ÉTRUSQUES, GRECQUES, ROMAINES, MEXICAINES, etc.

203. Vases peints avec sujets, différentes formes et différentes grandeurs.

204. Vases peints avec fleurs et ornements.

205. Vases en terre noire.

206. Vases en terre blanche.

207. Vases en terre rouge, avec ou sans sujets en relief.

208. Lampes sépulcrales, avec différentes formes et différentes grandeurs.

209. Terres cuites, statuettes, animaux, têtes, moules, etc.

210. Grands scarabées en pierre dure et en terre cuite.

211. Statuettes égyptiennes en terre émaillée.

212. Statuettes égyptiennes en bois.

213. Statuettes égyptiennes en bronze.

214. Statuettes étrusques, grecques et romaines en bronze.

215. Statuettes en bronze, des XVII, XVIII, XIX siècles, imitation de l'onyx.

216. Instruments en bronze, tels que cloches, vases, clefs, etc.

217. Figurines chinoises, en pierre de lard et autres matières

218. Figurines en bronze indiennes.

219. Lot de socles.

220. Cahier renfermant plusieurs fragments de papyrus égyptiens.

221. Sous ce numéro, on vendra tous les objets non portés au catalogue.

# OBJETS D'ART & DE CURIOSITÉ

## CRISTAUX DE ROCHE

1 — Jolie coupe en cristal de roche, modèle coquille creuse gravée à ornements et se terminant par un mascaron. Elle est garnie de deux anses à dragons et repose sur un pied ovale émaillé garni de diamants et autres pierreries. La coupe date du XVIe siècle.

2 — Beau vase drageoir en forme de colombe, grandeur nature, en cristal de roche, très-bien évidé et garni d'une monture ornée d'émeraudes. Même époque. Beau travail.

## BRONZES ET MEUBLES

3 — Joli lustre en bronze doré richement garni de cristaux de roche.

4 — Jolie pendule du temps de Louis XVI en bronze fine-

ment ciselé et doré, modèle vase à cadran tournant sur socle cannelé, orné de festons de chêne; mouvement de Lepaute.

5 — Grande et belle pendule du temps de Louis XVI, en bronze doré, avec figure de femme; la Science.

6 — Petit cabinet en bois d'ébène, incrusté de filets d'ivoire.

7 — Joli meuble cabinet en marqueterie de bois avec intérieur de style monumental et représentant des figures et des paysages.

8 — Petit lustre en cuivre poli, à huit lumières. Travail flamand.

## SCULPTURES

9 — Corne. — Belle coupe de forme ovale allongée à couvercle et sur pied élevé.

La coupe offre au pourtour les figures allégoriques de la Foi et de la Charité, ainsi que celle du Temps.

Le couvercle représente l'Espérance sous la figure d'une femme couchée tenant une ancre.

La coupe est supportée par une figure d'Atlas debout, reposant sur un pied ovale, offrant en haut relief des jeux d'enfants en haut-relief.

Beau travail des dernières années du XVI^e^ siècle ou des premières du XVII^e^ siècle.

Dans son étui de l'époque, en maroquin rouge doré au fer.

10 — Ivoire. — Cippe offrant au pourtour un sujet de bacchanale exécuté en relief; composition d'un grand nombre de figures.

11 — Corne d'appel en ivoire. Ouvrage du XIII^e^ siècle.

12 — Brosse, dont le dessus en bois sculpté offre une figure d'enfant couché, endormi ; XVII^e^ siècle ; la brosse est renfermé dans une boîte.

13 — Coffret vénitien en marqueterie de bois, enrichi de groupes de figures en os sculpté. Ouvrage du XIV^e^ siècle.

14 — Coffret analogue à celui qui précède, mais beaucoup plus petit.

15 — Coffret entièrement en ivoire, enrichi de sculptures, Epoque Louis XIII.

16 — Cippe en ivoire, présentant au pourtour la figure du Christ et des apôtres. Ouvrage dans le style du XIII^e^ siècle.

17 — Cippe analogue à celui qui précède.

18 — Cippe en bois, offrant au pourtour des figures et des ornements.

19 — Portrait d'homme, finement modelé en cire peinte. Sur le fond de verre, on lit le nom en or de WOSTROW, ainsi que la date de 1615.

20 — Divers fragments en os sculpté, provenant de coffrets vénitiens.

21 — Trois manches de poignards indiens et javanais, dont deux en ivoire et un autre en bois.

22 — Beau bas-relief en ivoire sculpté, représentant le sujet de l'Annonciation, XVIe siècle.

23 — Petit cippe en ivoire sculpté, représentant le triomphe de Neptune.

24 — Bas-relief en ivoire. Saint-Georges terrassant le dragon.

25 — Deux bas-reliefs sans fond en ivoire. Amour voltigeant.

26 — Trois pièces en ivoire : statuette, fragment de figurine et bas-relief, représentant un sujet champêtre.

27 — Coffret en bois sculpté à figures d'animaux en relief. XIVe siècle.

28 — Coffret en ivoire, avec appliques en os sculpté.

29 — Coffret en bois, enrichi de plaques d'ivoire sculpté, représentant des scènes de l'Ancien et du Nouveau Testament.

30 — Coffret en marqueterie de bois et ivoire, surmonté d'une figure de femme couchée en ivoire.

31 — Personnage debout et trois figurines d'appliques en bois sculpté.

32 — Gobelet sur pied élevé, renfermant quantité de coupes concentriques. Le tout pris dans la masse.

33 — Deux petits médaillons en bois sculpté, présentant des bustes d'homme en relief.

34 — Bas-relief en ivoire de style antique, divisé en deux registres, représentant, l'un le triomphe de Jupiter, l'autre une scène de sacrifice.

35 — Petite tablette à écrire en ivoire. Elle offre sur une de ses faces le sujet de la Crèche. XIV$^{e}$ siècle.

36 — Médaillon rond en ivoire, offrant en relief le sujet de Laocoon et de ses fils.

## BRONZES D'ART

37 — Deux jolies statuettes en bronze, Jupiter et Junon debout. XVII$^{e}$ siècle.

38 — Deux statuettes en bronze, figurant l'Été et l'Automne. Ouvrage italien du XIV$^{e}$ siècle.

39 — Deux autres figures en bronze, analogues à celles qui précèdent.

40 — Figurine en bronze, Mercure debout, dans le style de Jean de Bologne.

41 — Petit buste de Vierge en bronze. XVII$^{e}$ siècle.

42 — Figure de femme nue, couchée, bronze très-léger du XVII$^{e}$ siècle.

43 — Cadran solaire en cuivre gravé.

44 — Tête de philosophe grec en bronze. Grandeur nature. Cette pièce a été moulée sur un marbre antique.

45 — Petit buste de guerrier en bronze. Ouvrage du XVI$^{e}$ siècle.

46 — Diverses figurines et statuettes en bronze de diverses époques. Ce lot sera divisé.

# INSTRUMENTS DE MUSIQUE

47 — Sorte de guitare, à double rang de cordes. Ouvrage italien.

48 — Très-belle mandoline entièrement en ivoire et à manche recourbé, enrichie d'incrustations d'écaille. XVII^e siècle.

49 — Petite mandoline à manche surmonté d'un buste de femme en ébène et incrustée de filets d'ivoire.

50 — Autre mandoline très-curieuse en écaille enrichie d'incrustations d'ivoire et de pierreries. Les sujets représentent des scènes tirées de la mythologie. Au-dessous de l'un d'eux on lit : C'est trop tard. Le manche est surmonté d'une tête de femme. Ouvrage français du XVII^e siècle.

51 — Mandoline plate à manche en bois sculpté, terminé par une tête de satyre.

52 — Mandoline italienne en bois d'ébène et ivoire, enrichie d'incrustations de nacre de perle et d'écaille.

53 — Autre mandoline italienne, incrustée d'ivoire, de nacre et d'écaille.

54 — Deux flûtes à bec, l'une d'elles en écaille et ivoire.

## ARMES

55 — Fusil circassien avec batterie et canon damasquinés en or, et garniture en argent niellé.

56 — Yatagan avec poignée et fourreau en argent ciselé à fleurs et ornements.

57 — Deux pistolets avec garnitures en cuivre repoussé et doré.

58 — Poignard circassien, garni en argent niellé.

59 — Poignard avec poignée et fourreau, garni en argent repoussé.

60 — Sabre turc avec poignée et garniture de fourreau en argent repoussé et ciselé.

61 — Deux sabres à lame courbe en damas, damasquinés en or. Travail persan.

62 — Sabre analogue à ceux qui précèdent, garni en argent doré.

63 — Petite trousse, garnie en argent niellé et contenant deux petits couteaux.

64 — Pistolet circassien avec batterie damasquinée en or et garniture en argent niellé.

65 — Deux kriss malais, l'un d'eux avec fourreau garni en argent.

66 — Deux poignards avec lame en damas et poignée en morse.

67 — Deux autres poignards, l'un d'eux avec poignée en ivoire, et l'autre garni de coraux.

68 — Deux petits couteaux avec fourreaux d'ivoire, incrustés de cuivre, nacre de perle et pierreries.

69 — Cartouchière turque en argent repoussé.

70 — Hache d'armes en fer à ornements argentés.

71 — Poignard, formé de pièces de monnaie chinoises en cuivre.

72 — Lot d'armes sauvages diverses, qui seront vendues séparément.

## OBJETS VARIÉS

73 — Horloge, formée d'un lion debout en cuivre doré, tenant un écusson. Le cadran est en argent, rehaussé d'émaux translucides. XVII$^{e}$ siècle. Le mouvement est à répétition. Les yeux et la gueule de l'animal sont mobiles.

74 — Trois horloges de bureaux de forme cylindrique en cuivre gravé et doré du XVI$^{e}$ siècle. Elles seront vendues séparement.

75 — Deux flambeaux en cuivre jaune, formés chacun par une figure d'homme debout, portant une bobèche de chaque main.

76 — Presse-papier, formé d'une main de femme en malachite.

77 — Coffret en bois d'ébène, enrichi de feuilles d'argent gravé représentant [diverses scènes tirées de l'histoire de Joseph.

78 — Deux vases en albâtre, montés en bronze, doré en partie.

79 — Coffret en bois d'ébène, incrusté d'ivoire.

80 — Coffret du XVI$^{e}$ siècle en fer gravé à figures et ornements.

81 — Coffret en écaille rouge, garni en argent gravé. Epoque Louis XIV.

82 — Lot de divinités indiennes en bronze.

83 — Diverses sculptures chinoises en bois, en ivoire et en pierre de lard ; seront vendues par lots.

84 — Cinq petits plateaux en étain du XVI$^{e}$ siècle.

85 — Manuscrit sur vélin, enrichi de miniatures et de lettres ornées, portant la date de 1533. Reliure moderne, fermoir en argent.

86 — Manuscrit du XV$^{e}$ siècle, enrichi de lettres ornées. La plupart des miniatures de ce manuscrit ont été coupées.

87 — Manuscrit sur vélin de même époque, enrichi de quelques miniatures et de lettres ornées. Ce livre est incomplet.

88 — Portrait d'homme sur ivoire d'après Van Dyck, dans un cadre en ébène à moulures guillochées.

89 — Diverses miniatures sur cuivre. Ce lot sera divisé.

90 — Bas-relief en bronze, représentant la Vierge et l'enfant Jésus avec encadrements de fleurs, se détachant en relief sur fond d'émail bleu.

91 — Deux pièces : bas-relief en bronze, le couronnement de la Vierge, et plaque en cuivre gravé et doré à figures du xv$^{e}$ siècle.

92 — Joli cadre en bois finement sculpté et doré à figures et ornements. Ouvrage italien du xvii$^{e}$ siècle.

93 — Huit miniatures sur vélin, provenant d'un missel du xv$^{e}$ siècle.

94 — Joli lot de vitraux anciens, qui seront vendus séparément ou par deux.

## TABLEAUX

95 — Environ quarante tableaux anciens et modernes, des écoles allemande, hollandaise et flamande.

www.ingramcontent.com/pod-product-compliance
Ingram Content Group UK Ltd.
Pitfield, Milton Keynes, MK11 3LW, UK
UKHW021519260726
13993UKWH00004B/1768

9 782329 234205